JN277656

齋藤 孝

マンガでおぼえる

四字熟語

岩崎書店

はじめに

この本を手にとったみんなは、今、どんな四字熟語を
知っているだろう。
いくつくらいの四字熟語がいえるかな。
漢字がとくいな人は、もういくつか頭にうかんでいるか
もしれない。漢字が苦手な人は、「四字熟語なんてむずか
しい」「おぼえられない」とあきらめてしまうかもしれな
い。
四字熟語はおぼえなくてもだいじょうぶ！
四つの漢字のくみあわせにはちゃんとストーリーがあっ
て、それを知れば、おぼえなくてもわかるようになるんだ。

四字熟語のいいところは、声にだしていってみるとカッコイイこと。友だちや大人のまえでつかうと、「頭よさそう！」「すごい！」とキミの評価は急上昇！

この本では、四字熟語の漢字のストーリーや、家とか学校でのうまいつかいかたを、マンガといっしょにわかりやすく説明しているんだ。ついでに勉強にも役立つように、中学受験にでやすいものをあつめているよ。

四字熟語は、ちょっと見方をかえるだけで、悪い意味がいい意味にかわったりすることもある。

そんなおもしろさがあるのも特徴のひとつ。

さぁ、カッコよくておもしろい四字熟語のスタートだ！

この本に登場する人たちのしょうかい

かんなちゃん
（小4）

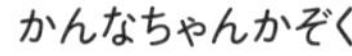

かんなちゃんの
ママ

かんなちゃんの
パパ

ゆうかちゃん
（小4）
オシャレさん

さきちゃん
（小4）
スポーツ少女

かんなちゃんの
おにいちゃん
（小6）

いちろう（小6）

じろう（小4）

さぶろう（小2）

花田ママ

山田さんの
ママ

山田さん
（小4）

かけるくん
（小4）
はんこう期

つばさくん
（小4）
サッカー少年

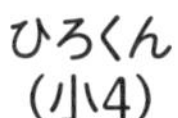

ひろくん
（小4）

ひろくんの
パパ

ひろくんの
ママ

ひろくんの
おじいちゃん

齋藤先生

学校の
たんにんの先生

学校の
体育の先生

サッカーの
かんとく

Chapter
1
カンタン四字熟語

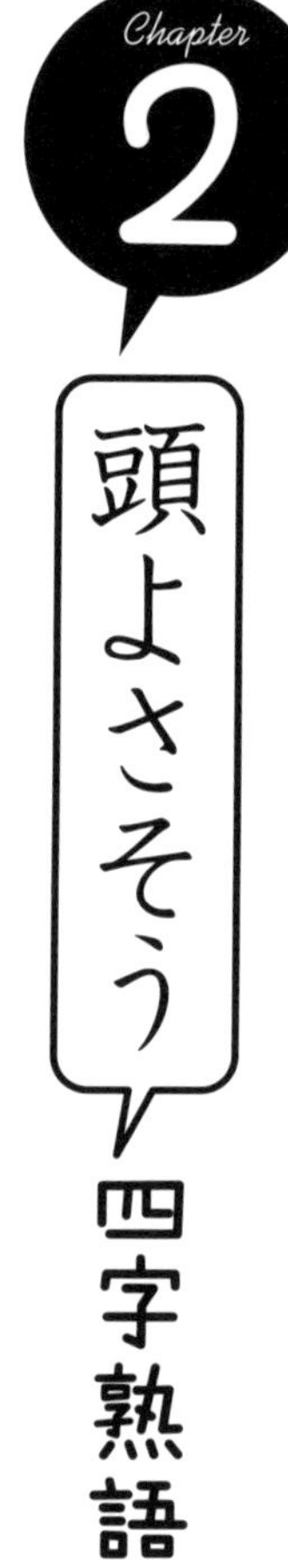

Chapter
2
頭よさそう
四字熟語

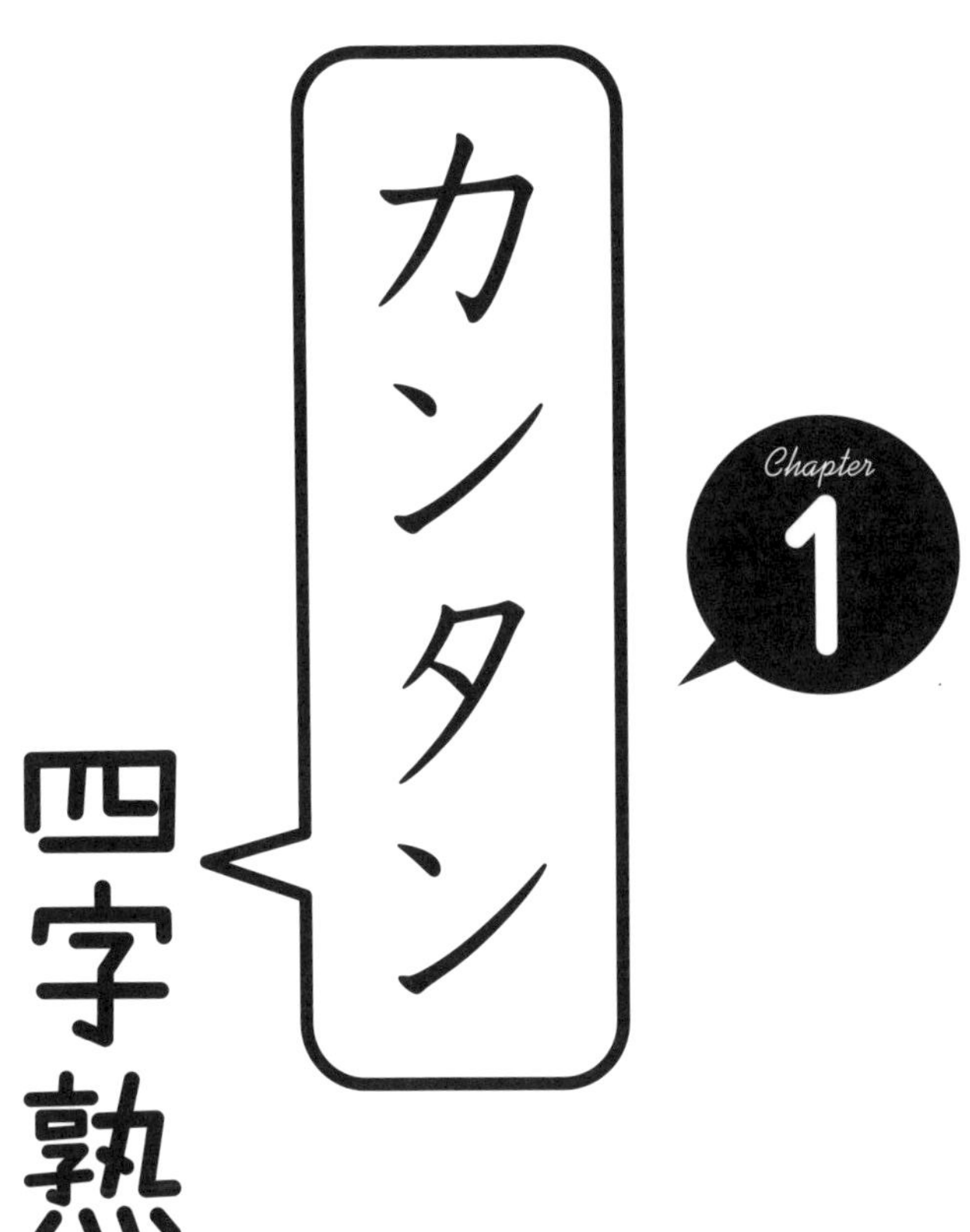

カンタン
四字熟語
Chapter
1

意気消沈（いきしょうちん）

つらくかなしいできごとのせいで、
きもちがおちこんでしまうこと

【いみ】

あまりにかなしくて、「意欲（＝やる気）」や「気持ち」が「消」えてなくなってしまうくらい、「沈」んだようになってしまうという意味。四字熟語は四つの漢字それぞれに意味があって、四つが合体することでできあがっているんだ。

【つかいかた】

「このあいだのテストが
できなくてさぁ……」

「だから意気消沈
してたんだね」

　ボクは大学受験に失敗した十八歳のとき、おもいっきり意気消沈したよ。そのときは、とことんおちこもう、ときめたんだ。だって、「もうこれ以上、おちこめない」というところまでおちたら、あとはあがっていくしかない。とことんおちこんだほうがはやく立ちなおれるんだ。

　いつまでも意気消沈してないで、まえをむいてがんばろう！

2

意気（いき）投（とう）合（ごう）

おたがいのきもちや意見（いけん）が
ぴったりあうこと

【いみ】

はじめてあった人となかよくなるには時間がかかるもの。でも、たまたま「すきなもの」がおなじで、話がもりあがれば、いっきになかよくなれることがあるよね。それが意気投合（いきとうごう）。そんなときはおもいきって「意気投合したね」といってみよう。もう「友だち」だ！

1

【つかいかた】

「ボクたち、なんだか
気があうね！」

「うん、きょうも
意気投合したね！」

なかのいい友だちの「すきなもの」をおもいうかべ
てみよう。そのなかには、キミもすきなものがいくつ
かあるだろう。なかのいい友だちとは、「そうそう、
それすき！」というものがたくさんあるよね。だから、
意気投合することがたくさんあると、どんどんなかよ
くなれるんだ。

意気投合すると、友だちがどんどんふえるよ！

異口同音（いくどうおん）

みんなが口をそろえて
おなじこと・おなじ意見をいうこと

【いみ】

「異口」はいろんな人の口のこと。「同音」は声をそろえていうこと。いろんな人たちの意見がおなじになるということだ。ふだん、人はみんなべつべつのことを考えているのに、たまたまおなじことを考えることがあるんだね。

【つかいかた】

「テスト、イヤだなあ」

「テスト、イヤだなあ」

「みんな異口同音に
なげいているね」

あそんでいるときに、「てつぼうやろうか」って友だ
ちがいって、自分もまったくおなじことを考えていて、
声がそろっちゃったこと、あるよね。びっくりするや
らおもしろいやら、おもわず顔をみあわせてわらっち
ゃうよね。そう、異口同音って、みんなのきもちがお
なじになるということなんだ。

異口同音は気があうしょうこだ！

2

以心伝心（いしんでんしん）

ことばにしなくても
きもちや考えがあいてにつたわること

【いみ】

もともとは「心を以って心を伝える」という意味で、
ことばじゃなく、心で会話してわかりあうということ。
「いわなくてもわかる」という、心と心のつながりを
たいせつにしてきた日本人にぴったりのことばなんだ。

**「あそこをせめれば
点がとれるよ」**

**「おなじこと、おもってた。
以心伝心だね」**

野球やサッカーみたいにチームでたたかうスポーツは、試合中に「オレは右に走るから、左がわをまもってくれ」とか、「オマエのところになげるから、まっててくれ」なんていちいちいわれなくても、チームメイトがそうおもってくれているだろうとかんじることがある。これぞ、まさに**以心伝心**だ。

なかよしの友だちほど以心伝心でわかりあえるよ！

2

一喜一憂（いっきいちゆう）

状況（じょうきょう）や場面（ばめん）がかわるたびに
喜（よろこ）んだりかなしんだりすること

【いみ】

ことばの意味（いみ）は「一つの喜びに対して、一つのかなしみがある」ということ。喜びとかなしみは交互（こうご）にあらわれるということから、一つひとつに喜んだりかなしんだりして、ふりまわされるという意味もあるよ。

【つかいかた】

「このあいだはできたのに、
きょうはダメだった…」
「一喜一憂しないで、
またがんばろうよ」

なにか悪いことがあると、「悪いことがつづくかも」
とか、「自分は運がわるいからダメだ」とおもってし
まうかもしれないけど、そんなことはない。一喜一憂
しながら、喜ぶこととかかなしむことのそれぞれをあじ
わえることがだいじなんだよ。悪いことがあれば、か
ならず、いいことがまってるから。

一喜一憂するより、いいことをいっぱいさがしてみよう！

一所懸命

ひとつのことに全力（ぜんりょく）を
つくしてがんばること

【いみ】

「一つの所に命（いのち）を懸（か）ける」という意味（いみ）。昔の人は、自分のたった一つの土地を必死（ひっし）にまもって生活したという話がもとになっているんだ。一つだからこそ、命を懸けるほどがんばることができる。「一生懸命（いっしょうけんめい）」とかくこともあるから、おぼえておこう。

「お花のせわがかりだから、
ちゃんとしないとね」

「えらいなあ。
いつも一所懸命だね」

「ひっしにがんばる」という意味のことばはたくさんあるけれど、一所懸命がいちばんつかわれているんじゃないかな。「がんばる」といっても勉強もスポーツも全部がんばるのはむずかしいよね。そのときにできることを一つずつ、がんばればいいんだ。一つできたら、そのつぎをがんばる、というふうにね。

一つずつ一所懸命やれば、だいじょうぶ！

一心不乱

ほかのことに気をとられずに
ひとつのことに熱中すること

【いみ】

「一心」は、一つに集中した心のこと。「不乱」はなにも乱されないこと。そこから、わきめもふらずに一つのことに集中して、ほかのことは気にしないという意味になった。漢字をみても、声にだしていってみても、スゴク熱中しているかんじがつたわってくるよね。

【つかいかた】

「ユウキくんに声かけたのに、気づかないんだよ」

「一心不乱に勉強しているからだよ」

一つのことに集中しつづけていると、だんだんと自分のなかに「芯」ができてくる。不安になったり、自信をなくすようなことがあっても、この「芯」があればなんとかなるというおまもりのようなもの。これは、一心不乱に一つのことをがんばった人だけがもてるものなんだ。

一心不乱にやったことは、かならずキミの力になるよ！

一石二鳥

一つのことをして二つのものを
手にいれること

【いみ】

もともとのことばの意味は、「一つの石で二羽の鳥をつかまえること」。はじめから二羽つかまえようとするのではなく、石をなげたらたまたま二羽つかまえちゃったというかんじ。だから「ラッキー」なかんじがするんだね。

【つかいかた】

「美容パックしながら、
そうじしようかしら」

「おかあさん、
まさに一石二鳥だね！」

たとえばそうじ当番。教室をきれいにするだけじゃなく、ほかにいいことはないかをさがしてみると「うでと足をきたえる」こともついでにできそうだ。こんなふうに、二つのことがいっしょにできることを、まさに一石二鳥というんだ。それにがんばってやれば「ありがとう」と感謝もされて気分もいいね。

なにかをするときには、一石二鳥をねらってみよう！

一長一短（いっちょういったん）

どんなことでも
よい面とわるい面があり、
完全なものはないということ

【いみ】

「長」と「短」は「長所」「短所」ということばもあるように、「よい」「悪い」という反対の意味としてもつかわれるんだ。一つがよくて、一つが悪いとしたら、どっちもどっち。両方あるんだから、どっちかだけにはきめられないということ。

【つかいかた】

「やさしくて、おおらかなんだけど、だらしないんだ、うちのおとうと」

「人の性格は一長一短だね」

ものごとにはいい面と同時に悪い面もあって、完全ではないというのは、人にもいえること。だれにでも長所（いい面）と短所（悪い面）があり、一長一短なんだ。友だちを見るとき、長所を見るようにすると、たのしくつきあえるね。自分の短所は、長所をのばすようにすれば、めだたなくなるよ。

だれだって一長一短あるんだから、気にしないこと！

2

我田引水

自分の都合のいいように
ものごとをすすめること

【いみ】

「我」は自分のこと。「我（＝自分）」の「田んぼ」に「水」を「引く」というのが、このことばのもともとの意味。人の田んぼに水をあげないで、自分の田んぼにばかり水をやるようにする。なんでも自分がいいようにしてしまうということだね。

【つかいかた】

「そのやりかた、ちょっと
自分勝手じゃないか！」

「ごめん、我田引水
だったね」

給食当番だからって、たべたいだけたべられるわけはないよね。なのにいろんな理由をつけて、強引に自分の量を多くしたら、「それは**我田引水**！　自分一人がとくするなんて、ダメだよ」といわれてしまう。自分勝手はやっぱりゆるされないね。

我田引水ばかりだと、ジコチューっていわれるよ！

危機一髪（きき いっ ぱつ）

あとすこしでたいへんな事態（じたい）が
おこりそうだったのを、
ギリギリでさけること

【いみ】

「髪（かみ）の毛一本」ほどの差（さ）で、「危機（たいへんなこと）」にあわずにすんだという意味（いみ）。ちょっとでもズレたらあぶなかったけど、ギリギリでたすかったというときにつかうことばだね。「危機」を「一発（いっぱつ）くらった」という意味じゃないから、気をつけよう。

【つかいかた】

「あやうく、ぶつかる
ところだったよ」

「それはたいへん
危機一髪（きいっぱつ）だったね」

　たおれそうな花びんをとっさに手でおさえた、とんできたボールをさっとよけたなど、とっさの行動でピンチをのがれるのが危機（き）一髪（いっぱつ）。「花びんがたおれそうだから、あぶないですよ！　気をつけて」と予告（よこく）されれば問題（もんだい）ないけれど、ピンチというのは予告なしにきゅうにやってくるものだ。

　危機（き）一髪（いっぱつ）でピンチをきりぬけるには、判断力（はんだんりょく）がだいじ！

起死回生（きしかいせい）

絶望的（ぜつぼうてき）だった状況（じょうきょう）が、奇跡的（きせきてき）によくなること

【いみ】

「死にそうな」ところから「起きあがって」、「生きる」ようになること。「回（かい）」はまた「生」がもどってくるというかんじかな。実際（じっさい）に体がおきあがるというのではなく、ゼッタイにダメだとおもっていたことが、奇跡（きせき）みたいによくなるというたとえにつかわれるね。

【つかいかた】

「にがてなさんすうができたから、
こんどは合格できそうだ」

「いまこそ起死回生の
チャンス！」

　ボクは三十歳になっても無職だった。チャンスがこなくて、「もうダメだ」とおもったときにようやく大学の先生になれた。あのときあきらめていたら、今のボクはないとおもう。**起死回生**のチャンスはかならずくるから、キミもがんばろう。

　「もうダメだ」というときこそ、起死回生のチャンスだ！

喜怒哀楽（きどあいらく）

喜び・怒（いか）り・かな（哀）しみ・楽しみといった、人がもつあらゆる感情のこと

【いみ】

人にはいろいろな感情があるよね。うれしい・楽しいといったいい感情もあれば、かなしい・くやしいという感情もある。喜怒哀楽と反対の感情をならべることで、人の感情のはばひろさをあらわしているね。

「あの人、わらったりおこったり、いそがしいね」

「喜怒哀楽がはげしいんだよ」

「あの人は喜怒哀楽のはげしい人だ」というのをきいたことがあるとおもう。これは感情のメリハリが大きい人という意味なんだけど、だれでもあてはまることだね。感情というのはしぜんにうまれてくるもの。うれしかったら喜ぶ、頭にきたらおこる、つらかったらかなしむ、ワクワクしたら楽しむほうがいい。

喜怒哀楽がはっきりしている人こそ、人間らしいんだ！

2

公明正大

公平でかくしごとがなく、どうどうとしているようす

【いみ】

「公明」はどちらもえこひいきせず、かくしごとがないこと。「正大」は正しくどうどうとしていること。

【つかいかた】

「あの生徒会長は、
すばらしいよね」

「公明正大だから
しんらいできるよね」

生徒会の会長に立候補した人の演説をきいたことは
あるとおもう。自分だけがよくなることばかり考えて
いる人より、みんなのことや自分が関係ないことも考
えている人のほうが、やっぱり公明正大だよね。

キミのクラスの友だちで、公明正大なのはだれかな？

孤軍奮闘（こぐんふんとう）

味方がいないなか、一人で必死にたたかうこと

【いみ】

「孤」は「孤独」という意味で、一人ぼっちということ。だから「孤軍」は、「一人ぼっちの軍（チーム・団体）」という意味。一人しかいないチームで、たくさんいるあいてチームとたたかうためにがんばっているという意味だね。

【つかいかた】

「あの人、一人で
たたかっていてすごいな」
「孤軍奮闘してるね。
がんばって！」

スポーツでも、あそびでも味方がいないからといっ
て、「**孤軍奮闘**も限界、もうダメだ、負けた」ときめ
つけずに、できるところまで一人でたたかってみる。
もし負けるとしても、せいいっぱいたたかって負ける
のと、すぐにあきらめて負けるのとでは意味がちがっ
てくるんだ。さいごまでがんばろう。

孤軍奮闘でも、たたかうのがヒーローなのだ！

2

五里霧中

ご り む ちゅう

ようすがわからず、
どうすればいいか
まったくわからないこと

【いみ】

「五里」は距離のことで約二十キロメートル。一里は約四キロメートルだ。つまり、二十キロ先まで霧でおおわれているくらい、なにも見えないこと。そこから、どうすればいいかまったくわからないという意味になったんだね。

【つかいかた】

「なにから手をつけていいか
さっぱりわからないよ」

「こまったね。
まさに五里霧中だね」

山のぼりでこまるのは、どの道をいけば頂上にでるのか、まるでわからなくなったときだろう。まるで霧のなかの道をあるいているようなものだ。おなじように、むずかしすぎてチンプンカンプンな問題集をとくのも、まさに五里霧中だね。そんなときはカンタンなものからはじめてみよう。

言語道断（ごんごどうだん）

ことばでいいあらわせないくらい
ひどいこと

【いみ】

「言語」はふつう「げんご」とよむけど、ここでは
「ごんご」とよむから気をつけよう。イメージでいう
と、「言語（＝ことば）」が道をあるいていたら、ピピ
ーッと注意されて「ここから先はすすめません」と
「断られる」かんじだね。ことばでいえないほど「ダ
メ」なことという意味だね。

【つかいかた】

「友だちがわざと
ぶつかってきたんだ」
「それでけがさせるなんて、
言語道断だよ！」

ありえないことや、とんでもないこと、あまりにひどいことにたいして「それは言語道断だ」とつかわれる。もし、だれかがしたことを非難したいときがあったら、「ばか」「サイテー」でなく、「それは言語道断だね」といってみよう。

キミが「言語道断」とおもうことはなんだろう？

2

自画自賛（じがじさん）

自分のことや
自分のおこないを、
自分でほめること

【いみ】

「自画」は自分でかいた絵のこと。「自賛」は、自分で自分の絵についての詩や文章をかくこと。昔はかいた絵に詩や文章をそえていたんだ。そこから、自分の作ったものややったことを自分でほめるという意味になっていったんだ。

【つかいかた】

「やっぱり、ボクは
絵がうまいなぁ」

「おっ、自画自賛
してるね」

自画自賛は人にいうんじゃなくて、自分にいってみよう。ひとりごとみたいに「オレって、なかなかすごいなぁ」って、いいつづけていると、だんだん自信がついて、ほんとうにスゴイことができるようになってくる。自分のいいところをたくさんみつけて、自分をほめまくろう！

自画自賛してみよう！

四苦八苦（しくはっく）

うまくいかずに、
とても苦労（くろう）すること

【いみ】

もともとは仏教のことば。「四苦（しく）」は生（しょう）・老（ろう）・病（びょう）・死（し）。「八苦（はっく）」は「四苦」とすきな人とのわかれ、にくむ人とのであい、ほしいモノがえられない、ものに執（しゅう）着（ちゃく）する苦しみ。ものすごく苦しんでいることをつたえることばになっているんだ。

【つかいかた】

「このもんだい、
なかなかとけなくてさぁ」

「ずいぶん四苦八苦
しているんだね」

ボクも学生のときに論文をたくさんかかなくちゃいけなかったんだけど、最初の一年間はなにもかけず四苦八苦していた。苦しいやら、なさけないやらで、「なんでこんなことしなくちゃいけないんだ」とおもったよ。でも、そのおかげでようやくかけるようになった。苦労にも意味があるってわかったよ。

四苦八苦してできたことは自信につながるよ！

弱肉強食
じゃく　にく　きょう　しょく

強いものが弱いものを負かして、栄えること

【いみ】

これは、自然界や動物の世界での約束ごとだね。「弱いものの肉は、強いもののエサになる」ということ。ここから、弱いものは強いものに負けてしまう、強いものは弱いものを犠牲にして、発展するという意味になっていったんだ。

「動物は弱いものが強いものに
たべられちゃうんだね」
「弱肉強食の
せかいだからね」

アフリカの大草原はまさに弱肉強食の世界だ。弱
いものが犠牲になって、より強いものが生きのびると
いう生存競争がくりひろげられている。
でも、ボクたち人間は目に見える力の強さだけでな
く、運の強さ、心の強さなど目に見えない強さも身に
つけていきたいね。

くうかくわれるか、弱肉強食の世界はきびしい！

すきなものや考えかたが、
人それぞれちがうこと

十人十色

【いみ】

　人が十人いたら、十人とも、色（種類）がちがうといういうのがもともとの意味。そこから「みんなちがう」という意味が生まれてきたんだね。にている人はいても、だれひとりとしておなじ人はいない。それが個性であり自分らしさなんだ。

【つかいかた】

「みんな、意見がちがうんだね」
「人は十人十色だからね」

人は十人十色。いろんな人がいて、それぞれがいろんな考えをもっているからおもしろい。「ちがう」ってことをうけいれられるようになることは、自分の可能性がひろがるということでもあるんだよ。

キミと「ちがう」人はキミがおもいもしないことを考えていたり、知っていたりして、おもしろい存在だよね。

みんなちがって、みんないい。それが十人十色だ！

2

取捨選択

たくさんのものを
いるものと
いらないものにわけること

【いみ】

「取捨」は「取って捨てる」こと。「選択」はえらぶという意味で、「選」「択」のどちらの漢字もえらぶという意味なんだ。いるものはとっておいて、いらないものは捨てる。どちらかにちゃんときめることがだいじだね。

【つかいかた】

「ものがすてられなくて、
かたづけられないよ」
「取捨選択するのが
だいじなんだよ」

かたづけがじょうずな人は、そうでない人となにがちがうとおもう？　大きなちがいは「いるものといらないものの区別がうまい」ということ。**取捨選択する**には「一年間一度もつかわなかったものは『いらない』」から捨てる、と捨てる基準をきめること。そうじやかたづけをするまえに、基準づくりをしてみよう。

取捨選択するには、自分にとっての基準をきめよう！

針小棒大（しんしょうぼうだい）

おおげさにいうこと

【いみ】

「小さい針」なのに、「大きい棒」みたいにいうこと。小さいことなのにものすごく大きいことのようにいうこと。ウソをつくこととはちがうんだね。針小棒大は、ほんとうのことなんだけど、話がおおげさになっていることをいうんだ。

【つかいかた】
「アイツ、なんか、話が
おおげさなんだよなぁ」
「そうそう、いつも
針小棒大にいうんだよね」

うれしいことやびっくりしたことを、ついおおげさ
に話してしまうことはよくある。「十センチのクワガ
タをとった」のに、だれかに話すたびに、十五センチ、
二十センチと大きくなっていたら、「あいつの話は針
小棒大だから、あやしい」といわれかねない。話を
おもしろくしたいきもちはわかるけど、ほどほどにね。

場をもりあげたいときにも、針小棒大はほどほどにね！

誠心誠意（せいしんせいい）

うそがなくて、
まじめなきもちであること

【いみ】

「誠心（せいしん）」はうそのない心。「誠意（せいい）」はまじめな心。おなじような意味のことばを二つかさねて意味を強めた四字熟語（よじじゅくご）だね。自分さえよければいいというきもちや人をだまそうといきもちをもたずに、まじめに人とせっすること。

【つかいかた】

「どうしょう、うえきばち、こわしちゃったよ」

「誠心誠意あやまればだいじょうぶだよ」

人にきもちをつたえるときにだいじなのは「ことば」よりも「しんけんさ」。どれだけ反省しているかは、ことばではうまくいえなくても、「しんけんさ」があれば、ちゃんとつたわるもの。どれだけ「悪い」とおもっているか、ことばとたいどで**誠心誠意**、しめそう。

大器晩成（たいきばんせい）

若（わか）いときはめだたないけれど、時間をかけて実力（じつりょく）をつけて、年をとってからりっぱになるということ

【いみ】

「大きな器（うつわ）」は「晩（ばん（晩ごはんの「晩」）で、おそい時間をあらわす）」に「成る（完成（かんせい）する）」ということ。

小さい器は早く完成するけど、大きな器は作るのに時間がかかる。そこから、すぐには結果（けっか）がでないけど、時間がたってからすごい結果がでるという意味（いみ）。

【つかいかた】

「こんな点数で、このさきの
勉強はだいじょうぶかしら」

「おかあさん、ボクは大器晩成
だからあんしんして！」

すごいことやたいへんなことをなしとげようとする
人ほど、その結果があらわれるまで時間がかかるもの
だ。だから、もし今キミが「なんでこんなこともでき
ないの」といわれたら、「大器晩成だから」といえば
いい。ただし、そのぶんまわりの期待が大きくなるか
ら気をつけよう?! いや、期待にこたえられるよう、
がんばろう！

大器晩成型は、あとになるほどのびるからだいじょうぶ！

2

他力本願（たりきほんがん）

他人（たにん）の力にばかりたよって、
自分の力でやろうとしないこと

【いみ】

「他力（たりき）」はほかの人の力、「本願（ほんがん）」はほとけさまが民（みん）衆（しゅう）のためにいのってくれること。つまり、他人（たにん）やほとけさまばかりをあてにして、自分の力でがんばろうとしないことをいう。いいかえれば「無責任（むせきにん）」とおなじことだね。

【つかいかた】

「よし、こうなったら かみだのみだ！」

「それって他力本願じゃないの？」

受験生は合格祈願に神社へ行って、「かみさま、どうか合格させてください」というけど、これも**他力本願**のひとつだ。いのるだけでうかるはずはないけど、いのれば、かみさまが力をかしてくれるんじゃないか、とちょっと安心して、がんばれるものだ。たよりになるものをうまくつかうのも悪くないとおもう。

他力本願ばかりでなく、自分でも努力してみよう！

単刀直入

まわりみちをせず、ストレートにいいたいことをいうこと

【いみ】

「単」には一度とか一回という意味があって、「単刀」は「刀を一回ふること」。「直入」は「まっすぐに入ること」。もともとはたたかいのときに、まっしぐらに敵にむかって刀をひとふりしたということからきている。ここから、まわり道せずにはっきりいうという意味になったんだ。

「えーっと、いいにくいんだけど、
その——」

「単刀直入にいってくれないと、
わからないよ」

いいにくいことをいうときほど、「単刀直入にいうとね」とまずいってみるといい。本題のまえにひと呼吸おけるし、あいても「なにかいいにくいことをいってくるのかな」って心の準備ができるからね。

「単刀直入にいっちゃうけど、すきなんです」といってみようか！

「単刀直入にいうと」とさいしょにいえば、イヤなこともいいやすい！

2

適材適所

その人の能力にあった
仕事や地位をあたえること

【いみ】

やるべき内容に「適した人材」を「適した場所」に配置すること。なにかをやるときに役割はいろいろあるけれど、やるべき内容（役割）と本人の能力がおなじだと、よりいい結果が生まれるものなんだ。

「わたしは動物がすきだから、飼育係になったの」
「まさに適材適所だね」

みんなで一つのことをなしとげるためには、それぞれの役割は、得意な人が担当するのがいちばんいい。そのほうが効率よくできるし、いい結果もでる。学芸会なら、家庭科が得意な人が衣装係、力のある人は大道具係になれば、まさに**適材適所**だね。苦手なことでもチャレンジしてみるのはだいじ。キミの可能性はいろんなところにあるはずだ。

適材適所なら、おもいっきり実力をはっきできるぞ！

得意満面

とくいまんめん

ものごとがじょうずにできて、ほこらしげな顔をしているようす

【いみ】

ここでの「得意」は、じょうずにできるという意味の「得意」じゃない。「望（のぞ）みがかなった（得（え）られた）」という意味の「得意」なんだ。「満面（まんめん）」は、顔全体にあらわれていること。おもったことがかなったうれしさが、表情（ひょうじょう）からあふれだしているようなイメージだね。

【つかいかた】

「おかあさん、きょうテストで
一〇〇点とったよ！」
「やっぱり！　得意満面の
えみだから、わかったわ！」

校内マラソン大会で一位になって、運動会のリレー
で三人ごぼうぬきして、テストで一〇〇点とったら、
おもわずえみがこぼれるよね。得意満面は顔がうれし
そうで、得意そうになっているというより、もう全身
がよろこびにあふれているようなときにつかうことが
多い。いいことがあったんだから、いいじゃない。

がんばってできたことは、得意満面で報告しよう！

独立独歩（どくりつどっぽ）

人にたよらないで、
自分の道をあゆんでいくこと

【いみ】

「孤独」ということばがあるように、「独」には一人という意味がある。「一人で（自分の足で）立ち」、「一人で（自分の足で）あるく」というようなかんじだね。他人をあてにしないで自分の力であゆんでいくというところから、その人独特のよさをもっているという意味もあるんだ。

「おかあさん、ボクはきょうから
なんでも自分でやるよ」

「わかったわ。
独立独歩をめざすのね」

ボクが学生のとき、自分にとってのベストな「勉
強法」というのがあった。それは、「勉強する」とき
めた日に集中してやること。かぎられた日にしかやら
ないわけだから、必死にがんばったなあ。それでテス
トの点も悪くなかったから、**独立独歩**でやってよかっ
た、と今でもおもっている。

2

独立独歩はおとなへの第一歩でもあるよ！

馬耳東風（ばじとうふう）

人のいうことをまったく
きかないこと

【いみ】

中国からきたことば。中国では「東風」は、春がきたことをつげる風のこと。そんな心地よい風がふいているのに、馬はまったく興味がなさそうなようすでいる。そこから、人からいわれることが耳にはいらず、まったくきこうとしないでいることの意味。

【つかいかた】

「はいはい、わかったわかった」

「まったくもう、馬耳東風なんだから！」

ボクが就職できなくてなやんでいるとき、大学の先生や先輩や友だちが心配してアドバイスをしてくれた。でも、ボクは馬耳東風だったから就職できなかったんだよね。人のいうことにふりまわされるのはよくないけど、たいせつな人のいうことには、耳をかたむけるようにしよう。

馬耳東風でいると、たいせつなことをききのがすから注意！

半信半疑（はんしんはんぎ）

完全に信じることができなくて、
信じるきもちと疑（うたが）うきもちが
半分ずつあること

【いみ】

これは漢字（かんじ）のとおり、「半分信じて、半分疑（うたが）っている」ということなんだけど、どちらかというと「疑っている半分（うたが）」のほうのきもちが強い。「信じるきもちのなかに、疑うきもちがふくまれている」というかんじかな。

意味としては「半分ずつ」ということ。

【つかいかた】

「一〇〇点とったら
なんでもかってやるよ」

「おとうさん、ほんとに？
半信半疑だなぁ」

おかあさんが「勉強しないでテレビみていいわよ」
といったら、なにかウラがあるんじゃないか、と疑う
よね。半信半疑ってそういうきもち。意味としては、

「ほんとうだとおもいたいけど、もしかしたらウソか
もしれないから、信じるのは半分だけにしておこう」
というかんじだね。

半信半疑のままにせず、ちゃんと確認してみよう！

不言実行（ふげんじっこう）

あれこれことばにしていわないで、
だまって行動すること

【いみ】
「不言」は「言わない」ということ。「なにも言わな
いで、だまって実行すること」がこのことばの意味。
そこから「（だまって実行する）すばらしい人」とい
うかんじで、人をほめたたえるときにつかうことばに
もなっている。

【つかいかた】

「いきなりできるようになるなんて、すごいよね」

「不言実行の人なんだね」

だれにもいわないでひとりでがんばるっていうのは、けっこうたいへん。応援してもらえないし、がんばっている自分をわかってもらうことができない。でも、できたときは大きな自信になるしパワーになる。それになんだか、カッコイイよね。不言実行はすごいんだ。

ことばより行動でしめす不言実行は、カッコイイ！

付和雷同（ふわらいどう）

自分の意見がなく、
まわりの人の意見に
ながされること

【いみ】

「付和」は人の意見にカンタンについていくこと。
「雷同」はカミナリがなるたびに反応するという意味
だから、やたらと人の意見に賛成すること。「付和」
と「雷同」、おなじような意味がかさなってできた熟
語だ。

1

【つかいかた】

「みんながいいっていってるから、これにしようかな」

「えー、それじゃあ、付和雷同だよ」

　人のいうことをまったくきかないのもよくないけど、人のいうことばっかりきいているのもよくない。自分の意見がなくて、人の意見をそのままうけとっているだけでは、キミがいる意味がなくなってしまうからね。

　まず「自分だったらどうだろう」と考えてみよう。そうすれば付和雷同じゃなくなるよ。

自分の考えをしっかりもてば、付和雷同を卒業できる！

無我夢中（むがむちゅう）

なにかに夢中になって、
ほかのことにきもちが
むかなくなること

【いみ】

我（＝自分）をなくして、夢のなかにいるような状態。なにかに熱中するあまり、まわりのことはもちろん、自分のことさえも気にかけなくなってしまうこと。一つのことだけに必死に取りくむということと、まわりを意識しないという意味がふくまれているんだ。

【つかいかた】

「あれ？　もうみんな
かえっちゃったよ」

「そっか、無我夢中で練習
してたから気づかなかったよ」

ボクは学生のときテニスがすきで、毎日、無我夢
中で練習していたんだ。どんどんうまくなっていった
し、キツイ練習もぜんぜんイヤじゃなかった。おかげ
であとで勉強がたいへんだったけど、無我夢中になる
ほどすきなことができたというのは、いい経験だった。
すきなものがたくさんあるといいね。

ついついやりすぎるくらい無我夢中になることってなにかな？

満場一致

そこにいるすべての人が、
おなじ意見になること

【いみ】

「満場」は、その場を満たしているすべての人々とい
う意味。「一致」は一つに到るという意味。だれ一人
としてちがう意見がでず、その場にいるすべての意見
がおなじになるということだね。

【つかいかた】

「反対する人は
だれもいなかったね」

「うん、満場一致で
きまったね」

学級会で話しあいをするといろんな意見がでてくるけれど、たまに、全員がおなじ意見になるときがあるね。よりよいこたえがみつかるように、ちがう意見がでてきたほうがいいこともある。でも、こうして満場一致できまると、みんなおなじきもちなんだ、となんだかうれしくなるね。

満場一致できまったことは、みんなで協力できるよ！

2

油断大敵（ゆだんたいてき）

気をぬくとおおきな失敗（しっぱい）を
してしまうということ

【いみ】

これは漢字（かんじ）の意味（いみ）そのままで、「油断（ゆだん）することが、自分にとっておおきな敵（てき）になる」ということ。自分が気をぬいたり、注意（ちゅうい）をおこたったりすると、おおきな失敗（しっぱい）をしてしまうから気をつけよう、というおしえになっているんだ。

【つかいかた】

「こんなのカンタンとおもって、
つい気をぬいちゃったよ」

「そんなときこそ、
油断大敵だよ」

「ウサギとカメ」のウサギは**油断大敵**の超有名人だ。
ウサギのように「たいしたことない」って気をぬくこ
とはだれにでもある。たとえば「年下のチームとの試
合だからぜったい勝つ」とろくに練習もしなくて負け
た、という経験はないかな。ウサギのように気をぬい
たら、おおきな失敗をするから気をつけよう。

ラクにできそうなときこそ油断大敵、注意しよう！

2

臨機応変（りんきおうへん）

そのときどきで、その場に
あった行動ができること

【いみ】

「臨機」はその場にであうこと。「応変」はきゅうな
変化にきちんと対応すること。そこから、その場・そ
の時にあったやり方でどんなふうにもできる、という
意味になったんだ。どんな力もうけながすようなしな
やかさがだいじなんだね。

【つかいかた】

「四人だったら二人組、六人だったら三人組だね」

「そうだね、人数によって臨機応変にすればいいよ」

予想していないことがおこっても、おちついて、今の自分にできることを考えてみるのがだいじ。かならず、やるべきことやきりぬける方法があるはずだから。それがどんどんできるようになったらキミも臨機応変の達人だ。

臨機応変に対応できれば、なにがおきてもあんしんだ！

三字熟語もチェックしよう！

三つの漢字で意味をあらわす三字熟語

青二才（あおにさい）　わかくて、経験がすくないこと

音沙汰（おとさた）　たより。ようすの知らせ

十八番（おはこ）　得意な芸

間一髪（かんいっぱつ）　ぎりぎりで、あぶないところ

生一本（きいっぽん）　まじめなこと

金字塔（きんじとう）　あとにのこるような業績

下馬評（げばひょう）　世間の人がかってにするうわさ。評判

紅一点（こういってん）　男の人の中に女の人が一人だけいること

直談判（じかだんぱん）　ちょくせつ、あいてとはなすこと

守銭奴（しゅせんど）　お金をためることだけがたのしみな人

赤裸裸（せきらら）　かくしていることがないこと

善後策（ぜんごさく）　うまく解決するための方法

先入観（せんにゅうかん）　おもいこみ

致命傷（ちめいしょう）　死ぬ原因になるような傷

桃源郷（とうげんきょう）　平和で美しい理想の世界

登竜門（とうりゅうもん）　立身出世の入口となる、むずかしい関門

裸一貫（はだかいっかん）　自分の体いがい、なにもないこと

破天荒（はてんこう）　だれもしなかったことをすること

不如意（ふにょい）　おもうようにならないこと

分相応（ぶんそうおう）　その人の能力にふさわしいこと

未曾有（みぞう）　今までに起きたことがないようなこと

門外漢（もんがいかん）　そのことについて専門でない人

野次馬（やじうま）　おもしろ半分にさわぎたてること

老婆心（ろうばしん）　必要以上に世話をやくこと

頭よさそう
四字熟語
Chapter
2

悪戦苦闘（あくせんくとう）

くるしいときに、努力（どりょく）したりたたかったりすること

【いみ】

「悪戦（あくせん）」の「悪（あく）」というのは、よい・悪いの「悪」ではなく、「自分にとって勝ちめがない」という意味（いみ）。どんなにがんばっても勝てないかもしれないけど、できるかぎりのことをやってみるということ。がんばり屋さんのことだ。

「あんなに点差（てんさ）があったのに、よくがんばったよね」

「悪戦苦闘（あくせんくとう）したけど、がんばったかいがあったよ」

スポーツでも勉強でも、がんばっているときにあいてのほうができる、とわかったときはツライよね。でも、もうひとガンバリしてみたら、どうだろう。もしかしたら、すこしは勝てる可能性（かのうせい）がでてくるかもしれない。「かなわない」とあきらめるか、悪戦苦闘していつか勝てる日をむかえるかは、キミしだいなんだ。

悪戦苦闘（あくせんくとう）すると、心がつよくなるよ！

一網打尽（いち もう だ じん）

たくさんの悪いものや人を
ひとまとめにしてとらえること

【いみ】

もともとの意味（いみ）は、「いちど網（あみ）をかけただけで、おおくの魚をとりつくしてしまうこと」。そこから、「たくさんのものをいっぺんにぜんぶとらえること」という意味になった。悪いものをぜんぶつかまえるというかんじだね。

【つかいかた】

「さいきん、電車のなかで
スリがおおいんだって」
「一網打尽でつかまえられる
方法はないのかなあ」

もし、床にがびょうをおとしてしまったら、キミならどうする。たとえば大きな磁石で一気にすいよせたらどうだろう。強力なそうじきでガーッとすいあげたらどうだろう。一網打尽というのは、「バラバラなおくのものを、どうしたら早くラクにとらえられるだろう」と知恵をしぼる頭の体操にもなるんだ。

一網打尽にするには、アイディアもひつようだ！

2

奇想天外（きそうてんがい）

ふつうではおもいつかないような
考えや発想のこと

【いみ】

「奇抜（きばつ）」（ふつうではないこと）」な「想い（考え）」で、「天（てん）」の「外（そと）」くらい、はるかかなたにあるようなこと。みんながおもいつかないようなことだから、「ふつうじゃなくてスゴイね」といういい意味と、「ふつうじゃなくてヘン」という意味の両方がある。

【つかいかた】

「スケボーで
日本一周できないかな」
「それは奇想天外な発想だね」

「こんどの夏休み、どこに旅行にいきたい？」ときかれたら、キミはなんてこたえるだろう。ディズニーランド、おばあちゃんのうち、沖縄、ハワイかな。でも、「北極大陸横断」もいいかもしれない。じっさいにはいけなくても、「火星にはなにがあるんだろう」「北極はどんな景色だろう」と考えるだけでたのしくなるね。**奇想天外**な発想ってたのしいね。

奇想天外なことを考えていると、ワクワクしてくるよ！

疑心暗鬼（ぎしんあんき）

疑いのきもちがあると、
なんでもないことまで不安になったり、
あやしくかんじること

【いみ】

ことばの意味は、「疑う心」をもっていると、なに
もみえないような「暗い」ところにも「鬼」がいるん
じゃないかとおもってしまうということ。そうなると、
なにもかも、だれもかれもがあやしくなる。自分の心
がかってにあやしいとおもってしまうんだね。「疑心
暗鬼を生じる」というのがもともとのいいかたなんだ。

【つかいかた】

「なんか、いつも人にみられているような気がするんだよね」
「疑心暗鬼になっているんじゃない?」

「あの人、あやしい」「これもおかしい」と疑いはじめたらきりがない。そんな**疑心暗鬼**のままでは、人となかよくなれないし、せかいをせまくする。疑うまえに話しあってみたり、たしかめてみたら、キミのかんちがいだったりすることもあるだろう。心の疑いぶかい鬼は「鬼は外!」とおいだそう。

疑心暗鬼になるのはやめて、あたらしいことにチャレンジ!

2

試行錯誤（しこうさくご）

問題を解決するために、いろいろなことを試したり失敗したりしながらすすめていくこと

【いみ】

「試行」はいろいろやってみたりチャレンジすること。「錯誤」は失敗したりまちがえたり、うまくいかないこと。チャレンジ→失敗という「試行」と「錯誤」のくりかえしがあるからこそ、いつか成功するという意味だね。

【つかいかた】

「いろいろやってみることが
だいじだね」

「うん、試行錯誤しながら
やればいいんだよ」

電気を発明したエジソンは何百回も実験に失敗した。でも、失敗するたびに「つぎはこうしてみよう」「こんどはここをかえてみよう」とちがう方法を試しつづけて成功したんだ。一度や二度の失敗であきらめていたらダメだよ。かなうまで試行錯誤しつづけていたら、いつかならず成功するから。

試行錯誤するからこそ、人は成長できるんだよ！

自業自得（じごうじとく）

自分のした悪いおこないが原因（げんいん）で、悪いことが自分にふりかかること

【いみ】

仏教（ぶっきょう）からきたことばで、「業（ごう）」というのは「おこない、やったこと」。「自分」の「業（やったこと）」は、「自分」が「得る（手に入れる）」というのが、このことばの意味（いみ）。もちろん、いいことをしたらいいことがかえってくるんだけど、悪い意味でつかわれることがおおい。

【つかいかた】

「てきとうにつくったら、
すぐにこわれちゃった…」
「それは自業自得だよ」

　ボクは中高生のころはテニスばかりやっていて、勉強はテスト前にやるくらいだった。高校三年生になっても「なんとかなるさ」とおもっていたんだ。でも、大学受験をしたら不合格で浪人決定。すごくショックだったけど、テニスばっかりやっていたんだから自業自得。そこからきもちをきりかえたよ。

キミが「自業自得だ」とおもうことはなにかな?

順風満帆（じゅんぷうまんぱん）

なにもかもがうまくいくこと

【いみ】

帆（ほ）のついた船が、帆にたくさんの風をうけて、いきおいよく前にすすんでいくようす。そこから、うまくいくとか順調（じゅんちょう）という意味（いみ）になったんだ。「順風（じゅんぷう）」は前にすすみやすいようにふいてくる風のこと。「満帆（まんぱん）」は帆が風をたくさんうけていること。ちなみに、すすみにくくするのは「逆風（ぎゃくふう）」。

1

【つかいかた】

「ウチのおにいちゃんは、失敗したことないんだ」

「へえ、うらやましい。順風満帆な人生だね」

いいことがあったら「たまたまだ」とか「どうせ今だけ」とおもわずに、「もっといいことがくるぞ！」とおもってみよう。連勝している試合で、つぎにすごい強豪とたたかうことになっても、「ここまで順風満帆に勝ってきたんだから、ぜったいに勝てる！」とおもえるくらいに。

逆風にたえればかならず順風満帆なときがくる！

103

切磋琢磨（せっさたくま）

おたがいに競（きそ）いあい、はげましあって向上（こうじょう）すること

【いみ】

「切（せつ）」は石を切ること、「磋（さ）」はとぐこと、「琢（たく）」はたくこと、「磨（ま）」はみがくこと。職人（しょくにん）さんが石をきれいに細工（さいく）するときのことばだ。ここから、努力（どりょく）してワザをみがいたり、自分の心を成長（せいちょう）させたりすることにつかうことばになったんだ。

【つかいかた】

「こんどの運動会、いい記録をだそうな！」
「おたがい、切磋琢磨しながらがんばろう！」

短距離走でタイムをはかるとき、一人で走るよりも、おなじくらいのはやさのライバルと走るほうが、じつはいい記録がでる。「あいてに勝ちたい」「おいこしたい」とおもうことで、自分一人では発揮できない力がでるからなんだね。この切磋琢磨しながらがんばる方法はみんなにもオススメだね。

切磋琢磨すると、おたがいに成長できるよ！

前人未到（ぜんじんみとう）

まだだれも達成（たっせい）していないこと。
到達（とうたつ）していないこと

【いみ】

「前人（ぜんじん）」は今よりまえの人たち、つまり過去（かこ）の人たち
という意味（いみ）。「未到（みとう）」はまだたどりついていない（到（とう）
達（たっ）していない）という意味。この二つをあわせた熟語（じゅくご）
だ。スポーツとかで「**前人未到（ぜんじんみとう）の大記録（きろく）**」というのは、
今まで世界中でだれもだしたことのないスゴイ記録の
ことだね。

【つかいかた】

「フルマラソンを1時間台で
走ったらすごいよね」

「それは前人未到だよ」

ボクは「体を使った教育」について研究したくて大学院にすすんだ。なやみながら勉強しているとき、「この研究はだれもやっていないんだ」ということに気づいたんだ。そのときから、「このテーマでは自分がいちばんになれるかもしれない」と気がついて、ガゼンやる気がでてきたね。なにかでいちばんになりたいなら前人未到のことにチャレンジしてみよう。

ちいさいことでも、なにか前人未到のことをやってみよう！

八方美人（はっぽうびじん）

みんなからすかれようとして、みんなにいい顔（かお）をすること

【いみ】

「八方（はっぽう）」は自分の前後左右（ぜんごさゆう）すべての方向（ほうこう）のこと。もとは「どの方向からみてもうつくしい」という意味（いみ）。そこから「だれにでもよくおもわれるようにふるまうこと」とか「ちょうしがいい」というふうに、皮肉（ひにく）っぽくつかわれるようになったんだ。

「みんなにすかれるのって、いいよね」

「でも、八方美人だったら、かえってきらわれるかもよ」

「あの人、八方美人だから」といわれたら、「ちょうしがよくて、ちょっと信用できない」といわれているとおもったほうがいいね。

だれにでも、いい顔をするのはよくないけど、それができるのもひとつの才能かもしれないね。ただし、やりすぎには注意がひつようだね。

きらわれたくないからって、八方美人になっていないかな？

平身低頭（へいしんていとう）

体をふせて頭をさげて、
ひたすらあやまること

【いみ】

「平身」は体をふせてかがめること。「低頭」は頭の位置を低くすること。そこから、ほんとうにもうしわけないというきもちをあらわすために、ただひたすらあやまりつづけるという意味になっていったんだ。

「おとうとがキミのおやつ、ぜんぶ、たべちゃったんだって？」

「そうそう、平身低頭してあやまっていたよ」

時代劇をみていると、地面に頭をこすりつけて、あやまっている町人がよくでてくるよね。これ以上、さがりませんという姿勢であやまるのが平身低頭。ごめんなさいというきもちを全身であらわすということなんだ。ことばと体をつかってきもちをつたえると、さすがにあいてもゆるしてくれるかもしれないね。

平身低頭するほどあやまられたら、ゆるしてあげよう！

2

111

大胆不敵（だいたんふてき）

敵を敵とおもわないほど度胸が
すわっていること。なにごとも
おそれず平気でいること

【いみ】

おもいきったことをする人に「大胆だね」ということ
とがある。「胆」は人間の内臓のことで「きも」とも
いい、「大胆」は度胸があること。「不敵」は敵とおも
わないこと。度胸があって、なにもおそれないから、
スゴイこともできるんだ。

「番犬がいたのに、どろぼうはげんかんからはいったんだ」

「大胆不敵などろぼうだね」

「犯人は大胆不敵な手口で犯行をくりかえしていました」というニュースをときどききく。その人の子どものふりをして電話をする「ふりこめサギ」はまさにこのたぐい。悪いことをするのはこまるけど、いいことやあたらしいことにチャレンジするのだったら、大胆不敵にどんどんやってみよう。そのくらいのきもちがだいじだ。

なにかにチャレンジするときは大胆不敵なくらいがいい！

2

傍若無人（ぼうじゃくぶじん）

まわりの人を気にせず、
自分勝手に行動すること

【いみ】

漢字の意味としては、「傍ら（＝自分のそば）に人がいないかのようにふるまうこと」。そこから、まわりに気づかいをしないで自分勝手にふるまうという意味になった。人にたいする心づかいができないのはよくないことだね。

【つかいかた】

「うわ、あんなところで ねてる人がいるよ」 「傍若無人だね」

まるでそこには自分しかいないように、電車のなかで化粧をしたり、おおきな声で電話をしている人をみかけることがあるけれど、この人たちにはまわりにいる人が見えていないのではないかとおもってしまう。こんな傍若無人なたいどはかっこ悪いね。こういう人は想像力にかけているのだとおもうよ。

2

抱腹絶倒（ほうふくぜっとう）

おなかをかかえて、たおれるくらい
わらうこと。
ものすごくおもしろいこと

【いみ】

「抱腹」はおなかをかかえること。「絶倒」は倒れて
ころがるくらいわらうこと。この二つがいっしょにな
って「おなかをかかえて、倒れてころがるくらいわら
うこと」となった。これは人がする動作をそのまま熟
語にして合体させたもので、イメージしやすいね。

【つかいかた】

「このあいだみた映画、ほんとうにおもしろかったね」

「ほんと、けっさくだったね。ひさしぶりに抱腹絶倒したよ」

抱腹絶倒は、ものすごくおもしろくて笑顔やわらいが体中いっぱいになってあふれてしまうこと。おなかの筋肉がヒクヒクして、しまいにはいたくなって、立っていられないほどおかしいんだから、スカッとするね。キミも抱腹絶倒ネタ、考えてみよう。

たのしいことでわらうときは、おもいっきり抱腹絶倒しよう！

2

本末転倒

だいじなこととそうでないことを
とりちがえること

【いみ】

「本」というのは大きな木の根元のことで、ものごとのだいじなところという意味。「末」は枝や葉のことで、どうでもいいところ、という意味。「だいじなこととそうでないことがひっくりかえっている」ということ。だいじなことをわすれて、どうでもいいことにこだわるという意味だね。

【つかいかた】

「勉強の予定表づくりに
時間がかかったよ」

「あきれた。
それは本末転倒だよ」

　へやのかたづけをしているとき、小さいころのアルバムがみつかって、ついついおもいでにふけってしまうことってあるよね。だいじなのはへやのかたづけであって、アルバムを見ることじゃない。今なにがだいじなのか、なにをしなくちゃいけないかがわかっていないと、こんなふうに本末転倒になってしまうんだ。

　ちゃんと目的がわかっていれば、本末転倒しなくなるよ！

2

用意周到（ようい しゅう とう）

準備がしっかりしていて、こまかいところにまでいきとどいていること

【いみ】

「用意」がすみずみにまでいきわたっているという意味。気くばりができて、ぬかりがないことだ。性格がしっかりしていることとともにものごとへの気づかいができることの両方の意味がふくまれている。

1

【つかいかた】

「来週の遠足のじゅんび、もうできてるんだ」
「すごい！　用意周到だね。ボクもやらないと」

たとえば遠足のまえの日、キミならどんなじゅんびをするだろう？　おべんとうやすいとういがいに「もし雨がふったら……」「もしころんだら……」と考えて、おりたたみかさやカットバンを用意するとしたら、それが用意周到。そうすれば、なにがおきても安心。たいていのことはクリアできるよ。

用意周到な人は、わすれものがすくない！

2

優柔不断（ゆうじゅうふだん）

ぐずぐずとまよっていて、なかなか決断できないこと

【いみ】

「優柔」はぐずぐずとまよっていてはっきりしないこと。「不断」は決断できないこと、おもいきりがよくないこと。漢字だけみると、やさしくてほんわかしたイメージをもつかもしれないけど、どっちかにきめられなくて、にえきらないという意味だから注意しよう。

【つかいかた】

「ファミレスで、なかなか
メニューがきめられなくて…」

「いがいと優柔不断なんだね。
たしかにまようよね」

ものごとには、どちらかひとつをえらばなきゃいけないときがある。勉強でもあそびでも恋愛でもそう。まよって優柔不断になりがちだけど、えらんだり、きめたりしないと、さきにすすめないことはたくさんある。きめなければならないときは「えいっ」ときめよう。なにごとも経験だ。

優柔不断なままでは、ほしいものが手にはいらないよ！

もっと使おう四字熟語

●がんばっているときに

一所懸命（いっしょけんめい）　一つのことに全力をつくすこと

一念発起（いちねんほっき）　心を入れかえて、がんばること

孤軍奮闘（こぐんふんとう）　ひとりでひっしにたたかうこと

刻苦勉励（こっくべんれい）　心身をくるしめるほど努力すること

七転八起（しちてんはっき）　くじけずに努力すること

粉骨砕身（ふんこつさいしん）　力のかぎりがんばること

●うまくいったとき

一石二鳥（いっせきにちょう）　一度に二つをえること

起死回生（きしかいせい）　だめだとおもっていたことがよくなること

順風満帆（じゅんぷうまんぱん）　なにもかもがうまくいくこと

前人未到（ぜんじんみとう）　まだ、だれもやりとげていないこと

前途洋洋（ぜんとようよう）　将来が希望にあふれていること

得意満面（とくいまんめん）　うまくいって、ほこらしげなようす

●ちょっとキツイとき

悪戦苦闘（あくせんくとう）　苦しいなか、たたかうこと

危機一髪（ききいっぱつ）　あと少しでたいへんなことになるのをギリギリでさけること

四苦八苦（しくはっく）　うまくいかずに苦労すること

試行錯誤（しこうさくご）　問題を解決するためにいろいろとためすこと

四面楚歌（しめんそか）　敵にかこまれて、ひとりでいること

絶体絶命（ぜったいぜつめい）　にげようがない、つらい場面や立場

●友だちをほめるとき

才色兼備（さいしょくけんび）　才能と容姿にめぐまれていること

正正堂堂（せいせいどうどう）　りっぱなようす

清廉潔白（せいれんけっぱく）　うたがうところがないこと

大胆不敵（だいたんふてき）　ものごとをおそれず平気でいること

天真爛漫（てんしんらんまん）　むじゃきなこと

博覧強記（はくらんきょうき）　知識がゆたかなこと

おとなも
びっくり
四字熟語
Chapter
3

一期一会（いちごいちえ）

一生に一度のであいだとおもって、そのであいをたいせつにしなさい、ということ

【いみ】

「一期」とは仏教（ぶっきょう）のことばで、人が生まれてから死ぬまでの一生のこと。「一会」はたったいちどのであい。人生ではたくさんのであいがあるけれど、一つひとつのであいはいちどきり。そうおもったら、どんなであいもたいせつにしたくなるね。

【つかいかた】

「クラスがかわって、あたらしい
ともだちがたくさんできたよ」

「一期一会だとおもって、
友だちをたいせつにするのよ」

おなじクラスの友だちと、この学年で、この教室で、
いっしょにいられるのは、今しかない。「今」は、一
生にいちどしかないから、あとから「ああすればよか
った」「こうすればよかった」とこうかいしないよう
に、一期一会のきもちで、今をたいせつに、たのしく
すごしたいね。

人とのであいは一期一会、一つひとつをたいせつに！

因果応報（いんがおうほう）

いいおこないをすればいい結果、
悪いおこないをすれば
悪い結果になること

【いみ】

これは仏教（ぶっきょう）の考えかたからきたことば。もし「かたづけなんてきとうでいいや！」とおもったら、てきとうにやったとおりの結果になる。だから、あとのことを考えてやりなさいというおしえでもあるんだ。

【つかいかた】

「すきなものをひとりじめしたら きょう、おなかがいたくて」

「それは因果応報だね。よくばりすぎたんだよ」

たとえだれもみていなくても、かみさまはちゃんとみているから**因果応報**があるんだね。友だちにいやがらせをしたら、自分もされるかもしれない。親に反抗していたら、将来、自分の子どもにおなじ目にあわされるかもしれない。ものごとは、めぐりめぐってもとにもどってくるようにできているんだよ。

いいことをすればいいことがかえってくる、これも因果応報！

共存共栄

ともにたすけあって、
協力関係をつくり、
ともに栄えること

【いみ】

「共に存在し、共に栄える」という意味。「共に」というのは、二つ（あるいは二人）以上ならいくつでもいい。手をとったものどうし、みんなでいっしょに協力していく、ということだね。

【つかいかた】
「いっしょにテストの勉強、しようよ」
「そうだね、ボクたちは共存共栄の道をいこう」

外国のことわざに、「早くいきたいなら一人でいけ、遠くにいきたいならみんなでいけ」というのがあるんだ。はるか遠くの目標、大きな目標のためには、一人の力でできることはかぎられている。おおくの人たちと共存共栄して、協力すれば、おおきなパワーが生まれて達成できるんだね。

共存共栄すれば、ひとりじゃできないこともできるぞ！

2

呉越同舟（ご　えつ　どう　しゅう）

敵どうしがおなじところにいっしょにいること。また、なかは悪いけど、共通の目的があれば力をあわせること

【いみ】

むかし中国に「呉」と「越」という国があって、戦争をしていてなかが悪かったんだ。たまたま「呉」の国の人と「越」の国の人が「同じ舟」にのってしまったんだけど、そのときだけはケンカしないで舟が無事につくように協力したという話がもとになっている。

【つかいかた】

「ライバルとおなじグループに
なるなんて…」
「まさに、呉越同舟（ごえつどうしゅう）だね」

　もし、なかのわるい友だちと二人でのったエレベーターが緊急停止（きんきゅうていし）してとじこめられたら、キミはどうするだろう。「呉越同舟（ごえつどうしゅう）の気分（きぶん）だな。いやだな」と一人でじっとしている？ それともどうやってたすけてもらうかを話しあう？ いつもはその友だちが「敵（てき）」だけど、こんなときはその友だちと「仲間（なかま）」になるのがいいね。

たすけあえれば、呉越同舟（ごえつどうしゅう）も悪くない！

2

四面楚歌（しめんそか）

まわりを敵（てき）にかこまれて、味方もいなくて、ひとりぼっちになっていること

【いみ】

「四面（しめん）」とは前・後・左・右という自分のまわりぜんぶの方向。昔、中国に「楚（そ）」という国の将軍（しょうぐん）がいて、敵においつめられてしまったとき、敵が「楚」のうたをうたう声がきこえてきた。それをきいた将軍は仲間がみんな降参（こうさん）してしまったとおもってなげいたという話がもとになっている。

【つかいかた】

「ドリブルしてたら、いつのまにか敵にかこまれちゃってさ…」

「四面楚歌だったんだね」

「一人ぼっち」という意味にとらえると、さびしくかんじるけれど、「ひとりぼっち」はパワーを発揮して強くなれるときなんだよ。ボクは大学院生のとき、「だれもやったことのない、スゴイ研究をしてやるぞ」とおもって、一人でがんばっていたことがあった。わかってくれる人がいなかったから、**四面楚歌**だった。でも、だからこそかくごをきめて、勉強することができたんだ。

四面楚歌のときは、なんとかきりぬける方法を考えよう！

千載一遇（せんざいいちぐう）

めったにないすばらしいチャンスが
おとずれること

【いみ】

「千載」は「千年」。「一遇」は「いちどだけあうこと」。千年にいちどしかであえないくらい、貴重ですばらしいチャンスがきたということだね。百年にいちどだと長生きすればあえそうだし、一万年にいちどだとゼッタイあえない。千年くらいだとラッキーなかんじがつたわるよね。

【つかいかた】

「駅でテレビの撮影をやってて、芸能人がいっぱいいたよ」

「すごいね、サインをもらう千載一遇のチャンスだな」

「チャンスのかみさま」って、知ってるかな。ちょっとユニークなすがたで、まえがみしかなくて、うしろはツルツルなんだ。このかみさまがこっちにむかってきたら、すぐにまえがみをつかまないといけない。うしろがみがないから、まえがみをつかまないとにげられてしまう。千載一遇のチャンスって、そういうものだ。

千載一遇のチャンスをのがさないようにしよう！

前代未聞

今までだれもきいたことが
ないようなめずらしいこと

【いみ】

「前代」は今よりまえの時代、つまり過去のこと。「未聞」は聞いたことがないという意味。この二つがいっしょになって、過去にだれ一人として聞いたことがないような、ありえないくらいめずらしいことにたいしてつかうことば。「前代未聞の事件」なんていうのがそれだね。

「動物園のさるのボスが木から池におちたんだって」

「あらら。それは前代未聞の事件だよ」

「犬が人間にかみついた」ならよくあるけど、「人間が犬にかみついた！」なら**前代未聞**だ。「くいしんぼうの○○くんが給食をのこした」とあるわけない」とおもっていた**前代未聞**のことがおきたりする。みんなが「こうなるはず」とおもっていることが「こうならない」と、おどろいたり、おもしろがったりするんだね。

前代未聞のことがおきるから、人生はおもしろい！

朝令暮改（ちょうれいぼかい）

指示や命令がコロコロかわって、あてにならないこと

【いみ】

朝につたえた命令が、夕方には改まってしまってかわってしまうことから「すぐにコロコロとかわってしまい、信頼できず、あてにならない」という意味になった。指示や命令は責任のある人が責任をもってすべきものだから、このことばが生まれたんだね。

「さっき勉強しろっていったのに、
こんどは外であそべだって」

「いうことがコロコロかわって、
朝令暮改だね」

「どうせまたいうことがかわるんでしょ」といわれて
いる人は、要注意。そういう人は、「また**朝令暮改**
だ」といわれて、なかなか信用されない。でも、「あ
のときはたしかにそうおもったけど、あとになってよ
く考えたらそうじゃなかった」ということはよくある
もの。悪気があるわけではないこともおおいんだね。

政治家の発言は朝令暮改がおおいから注意しよう！

電光石火

うごきがものすごく
早いことのたとえ

【いみ】

「電光」は稲妻（カミナリ）のこと、「石火」は石をうってでる炎のこと。光や火はとてもすばやいので、人の目にはとまらないくらいはやいことや、あっというまのことを電光石火というようになったんだ。

【つかいかた】

「あっというまに
シュートをきめたね！」

「すごい！　電光石火の
こうげきだな」

　サッカーの試合で、いっしゅんのスキをついてボールをうばい、一気にドリブルでせめこんでいくというシーンをみたことがあるかな。目にもとまらぬはやわざで、これこそ電光石火のこうげきだね。「あっ」とおもったときにはもう、イナズマみたいにすぎさっていくということなんだ。

　キミが電光石火でにげたくなるのはどんなときだろう？

当意即妙（とういそくみょう）

その場やふんいきにあわせて
気のきいたことをいうこと

【いみ】

「当意」はその場にあたってすぐに考えること。「即妙」はすばやくおもいついたよい考えのこと。「妙」は「ちょっとヘン」という意味だとおもうかもしれないけど、それ以外にも「絶妙」というように「すぐれたもの」という意味もあるんだ。

【つかいかた】

「このあいだ、たまたまいった
ひとことがすごくウケたんだ」

「当意即妙のうけこたえが
よかったんだね」

お笑い芸人さんたちはウケをねらってしゃべるから、当意即妙のセンスが仕事ともいえる。かれらは「この場にいる人たちが『いいね、おもしろいね』とおもうこと」を考えてしゃべっているんだからね。こんど、テレビでお笑い芸人の番組をみるときは、当意即妙のおもしろさをチェックしてみるといいかもね。

当意即妙は、そのしゅんかんのひらめきがすべてだ！

百戦錬磨

おおくの経験をかさねて、実力をみがくこと

【いみ】

「百戦」というのは百回の戦いではなく「おおくの戦い」という意味。「百」ということで「たくさん」をあらわしているんだね。「錬磨」は力や技術、精神をきたえて向上させるという意味。じょうずになるには、おおくの経験をかさねることがだいじなんだ。

【つかいかた】

「あの先輩、どんなボールでも
キャッチできるね」

「百戦錬磨だから、
すごいんだよ」

おなじことを何回もくりかえしていたら、知らない
うちにじょうずにできるようになる。それは、やるこ
とに「なれる」からなんだ。回数がふえるごとに、か
ならずまえよりうまくなる。うまくなると自信がつく。
自信がつくとほかのこともできるようになる。そのつ
みかさねだ。だから百戦錬磨は効果があるんだ。

うまくなりたいことがあったら、百戦錬磨できたえよう！

粉骨砕身（ふんこつさいしん）

ひっしに努力（どりょく）すること。
自分の力のかぎり、がんばること

【いみ】

これは仏教（ぶっきょう）のことば。意味（いみ）は漢字（かんじ）のとおりで、「骨（ほね）が粉々（こなごな）になる、体がくだける」。そこから、「自分のことなんてどうでもいいくらい、必死（ひっし）に努力（どりょく）しつづけること」という意味（いみ）になった。どんなにツラくてもがんばりとおすというかんじだね。

「キミは、勉強もスポーツも
なんでもがんばるんだね」

「ことしは粉骨砕身するって
きめたからね」

ボクは学生のとき、一日十時間、ぜんぶで四日間か
けて、ぶあつい問題集をやるときめたことがあるんだ。
はじめはわからないことばかりだったけど、やってい
るうちにすこしずつわかるようになってきた。そして
おわったときには、その科目がすきになっていたんだ。
粉骨砕身でやった成果だね。

粉骨砕身してがんばったさきには、強い自分がまってるぞ！

2

面目躍如（めんもくやくじょ）

その人らしくいきいきとしていて、きちんと評価（ひょうか）されること

【いみ】

「面目（めんもく）」とは、世間（せけん）での立場（たちば）や評価（ひょうか）。ミスをしたときに「面目ない」といったりするよね。「躍如（やくじょ）」はいきいきとしていること。みんなにほめられると、イキイキして立場（たちば）がよくなり、もっとがんばってもっとたのしくなる、ということ。

【つかいかた】

「早食いきょうそうで
一位になったよ」
「さすが学校一大食いの
面目躍如だね」

大食いをうりにテレビで活躍しているタレントさん
が、じつは調理師の免許をもっていて、結婚したダン
ナさんを十キロもダイエットさせた、という話をきい
たとき、「ただの大食いじゃないんだ。たべもののこ
とをしりつくしているんだ。まさに**面目躍如**だなあ」
とおもった。自分が得意な分野の知識をいかすときち
んと評価されるんだね。

キミの面目躍如はなんだろう？　かならずあるはずだよ！

2

竜頭蛇尾（りゅうとうだび）

はじめはいきおいがいいけれど、あとになるにつれていきおいがなくなること

【いみ】

漢字は「竜の頭」と「蛇のしっぽ」。頭が竜のように大きくて、しっぽが蛇のようにほそいということ。はじめはいきおいがあっていいけれど、おわりのほうはしょぼいかんじになっていく。はじめがあまりによかったぶん、おわりがよけいにダメなかんじがするんだね。

「さいしょはよかったけど、
だんだん自信（じしん）がなくなってってさ…」

「それじゃあ竜頭蛇尾（りゅうとうだび）だよ、
ざんねんだったね」

はじめだけよくてあとから尻（しり）すぼみになっていくのはたしかにカッコ悪い。じゃあ、はじめはたいしたことがなくて、あとになってよくなるほうがいい？ そういうものでもないね。ボクは、**竜頭蛇尾（りゅうとうだび）**って悪いことばかりじゃないとおもっているんだ。はじめがちゃんとしていなければ、道はひらけないからね。

竜頭蛇尾（りゅうとうだび）にならないように、しっかりじゅんびをしよう！

和気藹藹（わきあいあい）

みんながなかよくしていて、なごやかなようす

【いみ】

「和」というのは「平和」にもつかわれるように、なごやかという意味がある。「和気」はなごやかな気分のこと。「藹藹」は心がやすらいでいるようす。なごやかでやすらぎがあるときというのは、みんながなかよくしているときなんだね。

【つかいかた】

「ウチのクラスは
みんななかがいいよね」

「そうだね、いつも
和気藹藹としてるよね」

和気藹藹は、クラスのだれとでもしゃべることがで
きて、いつもみんながたのしそうにしているようなこ
と。きまった人としかなかよくしないというのとはち
がうね。だれとでもたのしくできれば、席がえしたっ
て、グループわけしたって心配ない。みんなとなかよ
くできるっていうことは、そのくらいたのしくて安心
なものなんだ。

和気藹藹としたふんいきなら、しあわせなきもちになるよ！

小学生が知っておきたい 四字熟語180

悪口雑言（あっこうぞうごん）　いろいろと悪口（わるぐち）をいうこと

暗中模索（あんちゅうもさく）　手さぐりしながらためすこと

意気揚揚（いきようよう）　げんきいっぱいなようす

一意専心（いちいせんしん）　ひとつのことに集中（しゅうちゅう）すること

一言居士（いちげんこじ）　意見（いけん）をいわずにいられない人

一言半句（いちごんはんく）　ほんのわずかなことば

一日千秋（いちじつせんしゅう）　一日がながくおもえること

一念発起（いちねんほっき）　心をかえて、がんばること

一部始終（いちぶしじゅう）　はじまりからおわりまで

一望千里（いちぼうせんり）　とおくまでみわたせること

一目瞭然（いちもくりょうぜん）　ひと目でわかること

一問一答（いちもんいっとう）　一つの問いに一つのこたえ

一陽来復（いちようらいふく）　よいことがやってくること

一利一害（いちりいちがい）　いいことも悪いこともあること

一蓮托生（いちれんたくしょう）　仲間とともに行動すること

一攫千金（いっかくせんきん）　いちどにおおもうけすること

一気呵成（いっきかせい）　ひと息で文章をかくこと

一騎当千（いっきとうせん）　バツグンにすぐれていること

一挙一動（いっきょいちどう）　一つひとつのうごき

一挙両得（いっきょりょうとく）　一つで二つをえること

一切合切（いっさいがっさい）　なにもかもすべて

一触即発（いっしょくそくはつ）　危険がさしせまっていること

一進一退（いっしんいったい）　すすんだりもどったりすること

一心同体（いっしんどうたい）　心も体も一つになること

一世一代（いっせいちだい）　一生に一度のこと

一朝一夕（いっちょういっせき）　わずかな時間

一刀両断（いっとうりょうだん）　きっぱりと決断すること

一得一失（いっとくいっしつ）　得も損もあるということ

威風堂堂（いふうどうどう）　どうどうとりっぱなこと

意味深長（いみしんちょう）　べつの意味があるようす

う

右往左往（うおうさおう）　あたふたと混乱（こんらん）しているようす

有象無象（うぞうむぞう）　くだらないものや人

海千山千（うみせんやません）　経験（けいけん）ほうふでずるがしこいこと

紆余曲折（うよきょくせつ）　事情（じじょう）がこみいっていること

え

雲散霧消（うんさんむしょう）　あとかたもなくきえること

栄枯盛衰（えいこせいすい）　さかえたり、おとろえたり

お

傍目八目（おかめはちもく）　まわりの人の判断（はんだん）が正しいこと

温故知新（おんこちしん）　古いことから新しい考えをえること

か

音信不通（おんしんふつう）　れんらくのないこと

開口一番（かいこういちばん）　話しはじめて、すぐいうこと

快刀乱麻（かいとうらんま）　ふくざつな問題（もんだい）を解決（かいけつ）すること

臥薪嘗胆（がしんしょうたん）　目的（もくてき）のため、つらさにたえること

花鳥風月（かちょうふうげつ）　自然のうつくしいふうけい

画竜点睛（がりょうてんせい）　しあげるのにだいじなしごと

感慨無量（かんがいむりょう）　しみじみとしたきもち

緩急自在（かんきゅうじざい）　おもうままにあやつること

勧善懲悪（かんぜんちょうあく）　悪いおこないをこらしめること

完全無欠（かんぜんむけつ）　かんぺきなこと

き

起承転結（きしょうてんけつ）　文や話のくみたて方のこと

牛飲馬食（ぎゅういんばしょく）　たくさんたべてのむこと

九死一生（きゅうしいっしょう）　いのちびろいすること

旧態依然（きゅうたいいぜん）　むかしのまま、かわらないこと

急転直下（きゅうてんちょっか）　きゅうにかわって解決すること

興味津津（きょうみしんしん）　興味をつよくもつこと

玉石混淆（ぎょくせきこんこう）　いいものと悪いものがまざること

く

金科玉条（きんかぎょくじょう）　まもらなければならないきそく

空前絶後（くうぜんぜつご）　たいへんめずらしいこと

苦心惨憺（くしんさんたん）　あれこれ心をくだいてなやむこと

け

軽佻浮薄（けいちょうふはく）　軽はずみでちょうしがよいこと

言行一致（げんこういっち）　ことばと行動がおなじこと

こ

厚顔無恥（こうがんむち）　ずうずうしく恥を知らないこと

広大無辺（こうだいむへん）　はてしなくひろいこと

公平無私（こうへいむし）　自分の得だけを考えないこと

古今東西（こことうざい）　いつでもどこでも

虎視眈眈（こしたんたん）　じっとチャンスをまつこと

小春日和（こはるびより）　初冬の、春のようにあたたかい日

五分五分（ごぶごぶ）　二つとも、おなじくらいであること

さ

孤立無援（こりつむえん）　一人ぼっちでたすけがないこと

再三再四（さいさんさいし）　たびたび、しばしば

才色兼備（さいしょくけんび）　うつくしく才能のある女性のこと

三寒四温（さんかんしおん）　だんだんとあたたかくなること

三拝九拝（さんぱいきゅうはい）　なんども頭をさげてたのむこと

し

四角四面（しかくしめん）　まじめなこと

時期尚早（じきしょうそう）　はやすぎること

自給自足（じきゅうじそく）　生活にひつようなものを自分で作ること

時代錯誤（じだいさくご）　時代おくれなこと

七転八起（しちてんはっき）　なんどダメでもくじけないこと

七転八倒（しちてんばっとう）　いたみがはげしくてもがくこと

質実剛健（しつじつごうけん）　まじめでたくましいこと

杓子定規（しゃくしじょうぎ）　ゆうずうがきかないこと

縦横無尽（じゅうおうむじん）　自由にうごきまわること

終始一貫（しゅうしいっかん）　ずっとかわらないこと

自由自在（じゆうじざい）　おもいのままにできること

主客転倒（しゅかくてんとう）　人の立場などが逆になること

首尾一貫（しゅびいっかん）　はじめからおわりまで考え方がかわらないこと

盛者必衰（じょうしゃひっすい）　勢いがよくてもいつかおとろえること

正真正銘（しょうしんしょうめい）　ほんものであること

枝葉末節（しようまっせつ）　それほど大切ではないこと

初志貫徹（しょしかんてつ）　最初のきもちでやりとおすこと

支離滅裂（しりめつれつ）　めちゃくちゃなこと

心機一転（しんきいってん）　あるキッカケでよくなること

神出鬼没（しんしゅつきぼつ）　あらわれたりきえたりすること

新進気鋭（しんしんきえい）　あらたに活躍（かつやく）しはじめた人のこと

森羅万象（しんらばんしょう）　ありとあらゆるもの

す

頭寒足熱（ずかんそくねつ）　頭を涼（すず）しくし足をあたためること

せ

晴耕雨読（せいこううどく）　のんびりおだやかにくらすこと

正正堂堂（せいせいどうどう）　正しくりっぱなようす

青天白日（せいてんはくじつ）　うしろめたいことがないこと

清廉潔白（せいれんけっぱく）　きよく、うたがいがないこと

責任転嫁（せきにんてんか）　人の責任にしてしまうこと

絶体絶命（ぜったいぜつめい）　せっぱつまったようす

千客万来（せんきゃくばんらい）　たえず多くの客がくること

前後左右（ぜんごさゆう）　自分のまわりぜんぶのこと

前後不覚（ぜんごふかく）　わけがわからなくなること

千差万別（せんさばんべつ）　さまざまであること

先手必勝（せんてひっしょう）　先にせめれば、かてるということ

前途多難（ぜんとたなん）　行く先に多くの困難（こんなん）があること

前途洋洋（ぜんとようよう）　将来（しょうらい）が希望（きぼう）にみちているようす

そ

創意工夫（そういくふう）　いろいろな方法を考えること

即断即決（そくだんそっけつ）　その場でさっときめること

た

大願成就（たいがんじょうじゅ）
おおきなのぞみがかなうこと

大器小用（たいきしょうよう）
つまらない仕事をさせること

大義名分（たいぎめいぶん）
もっともな理由（りゆう）

大言壮語（たいげんそうご）
おおげさにいばっていうこと

泰然自若（たいぜんじじゃく）
おちついて動（どう）じないこと

大同小異（だいどうしょうい）
だいたいおなじであること

多事多難（たじたなん）
おおくの事件（じけん）や困難（こんなん）があること

多種多様（たしゅたよう）
さまざまであること

単純明快（たんじゅんめいかい）
かんたんでわかりやすいこと

ち

朝三暮四（ちょうさんぼし）
ごまかして相手をだますこと

つ

猪突猛進（ちょとつもうしん）
まっしぐらにつきすすむこと

沈思黙考（ちんしもっこう）
じっとだまって考えること

津津浦浦（つつうらうら）
日本全国いたるところ

て

徹頭徹尾（てっとうてつび）
はじめからおわりまで

手前味噌（てまえみそ）
自分で自分をほめること

天衣無縫（てんいむほう）
かざりけがなく、むじゃきなこと

天下一品（てんかいっぴん）
すぐれているもののこと

天下泰平（てんかたいへい）
おだやかで平和なこと

天下無双（てんかむそう）
すぐれていること

天真爛漫（てんしんらんまん）
むじゃきなようす

と

天変地異（てんぺんちい）
大雨や地震などの自然界の異変

同床異夢（どうしょういむ）
仲間でも考えはちがうこと

な

東奔西走（とうほんせいそう）
あちこちに走りまわること

内憂外患（ないゆうがいかん）
内側も外側も心配ごとがおおいこと

に

難行苦行（なんぎょうくぎょう）
ひどく苦労すること

南船北馬（なんせんほくば）
いつもいそがしく旅すること

二者択一（にしゃたくいつ）
二つのうち、一つをえらぶこと

二束三文（にそくさんもん）
ねだんが安いこと

日常茶飯（にちじょうさはん）
毎日おこる、ありふれたこと

日進月歩（にっしんげっぽ）
進歩していること

は

破顔一笑（はがんいっしょう）
顔をほころばせてわらうこと

波瀾万丈（はらんばんじょう）
ものごとの変化がはげしいこと

罵詈雑言（ばりぞうごん）
ののしること

半死半生（はんしはんしょう）
死にかかっていること

ひ

百戦百勝（ひゃくせんひゃくしょう）
どんな戦いでもかつこと

百発百中（ひゃっぱつひゃくちゅう）
計画が予想どおりになること

ふ

表裏一体（ひょうりいったい）
二つのものが切りはなせないこと

品行方正（ひんこうほうせい）
りっぱできちんとしていること

風光明媚（ふうこうめいび）
とてもうつくしいけしき

不即不離（ふそくふり）
つかずはなれずの距離にあること

不眠不休（ふみんふきゅう）　やすまず物事をおこなうこと

不老長寿（ふろうちょうじゅ）　年をとらず、長生きすること

不老不死（ふろうふし）　年をとって、死なないこと

文武両道（ぶんぶりょうどう）　学問と武道の両方がすぐれていること

へ

平穏無事（へいおんぶじ）　おちついているようす

平平凡凡（へいへいぼんぼん）　ごくふつうのこと

変幻自在（へんげんじざい）　変わりみがはやいこと

ほ

暴飲暴食（ぼういんぼうしょく）　むやみに飲みくいすること

ま

満身創痍（まんしんそうい）　体も心もきずだらけであること

み

三日坊主（みっかぼうず）　あきっぽくて長続きしないこと

む

無為無策（むいむさく）　なにもできず見ているだけのこと

無芸大食（むげいたいしょく）　たくさん食べるだけの人

無病息災（むびょうそくさい）　健康であること

無味乾燥（むみかんそう）　おもしろみがなく、つまらないこと

め

明鏡止水（めいきょうしすい）　おちついたこころのようす

名誉挽回（めいよばんかい）　うしなった信用をとりかえすこと

も

門外不出（もんがいふしゅつ）　たいせつにしまっておくこと

ゆ

唯我独尊（ゆいがどくそん）　自分がえらいとうぬぼれること

有言実行（ゆうげんじっこう）　口にしたことを実行すること

優勝劣敗（ゆうしょうれっぱい）　すぐれた人が勝つこと

有名無実（ゆうめいむじつ）
有名だが、中身がよくないこと

勇猛果敢（ゆうもうかかん）
いさましくたちむかうこと

（よ）

悠悠自適（ゆうゆうじてき）
のんびりすごすこと

羊頭狗肉（ようとうくにく）
外見はリッパでも中身がないようす

（り）

離合集散（りごうしゅうさん）
集まったり別れたりすること

立身出世（りっしんしゅっせ）
たかい地位を手にいれること

粒粒辛苦（りゅうりゅうしんく）
じみちに努力すること

理路整然（りろせいぜん）
筋道がとおっていること

（ろ）

老若男女（ろうにゃくなんにょ）
わかい人からおとしよりまでみんな

（わ）

和魂洋才（わこんようさい）
日本の精神で西洋の学問を学ぶこと

おわりに

さいごまでよんでくれたみんな、どうだったかな？

「ぜんぜん、おぼえきれない」なんておちこまなくていい。

意味をおぼえていなくても、一つひとつの漢字をみて、

「こんなかんじだったかな」とわかるようになっていたり、

マンガのオチをたのしめただけでOK。

あとは、どんどんつかっていこう！

つかっているうちにおぼえていくものなんだ。

四字熟語は、口にしていったりつかったりすることで、

心がおちついたり、まよいがきえたりすることがある。

「もうダメかも……」とおもったときは、「起死回生」を

おもいだせば、もうひとふんばりできる。「いいぞ！ い

いぞ！」というときは、「順風満帆！」と声にだせば、な

んだかぐんぐんまえにすすむ気がする。

それが、「ことばの力」。

ことばを声にだすと、その声は自分にもきこえるよね。

ことばは、あいてにつたえるだけじゃなくて、じつはキミ自身へのメッセージでもあるんだ。とくに四字熟語は、四つの漢字すべてに意味があって、四つで一つの意味を作っているから強力だ。

勉強とか暗記とおもわずに、四字熟語となかよくなって、キミの強力な味方にしていこう。

齋藤孝

齋藤孝
1960年生まれ。東京大学法学部卒業。同大学院教育学研究科博士課程を経て、明治大学文学部教授。専門は教育学、身体論、コミュニケーション論。著者に『これでカンペキ！　マンガでおぼえる』シリーズ、『子どもの日本語力をきたえる』など多数。NHK Eテレ「にほんごであそぼ」総合指導。

編集協力
佐藤恵
ブックデザイン
野澤享子(permanent yellow orange)
イラスト
ヨシタケシンスケ(カバー)
漆原冬児(本文)

これでカンペキ！
マンガでおぼえる
四字熟語

発行日　2012年5月10日　第1刷発行
　　　　2021年4月15日　第9刷発行
著　者　齋藤孝
発行者　小松崎敬子
発行所　株式会社 岩崎書店
　　　　〒112-0005
　　　　東京都文京区水道1-9-2
　　　　電話　03（3812）9313［営業］
　　　　　　　03（3813）5526［編集］
　　　　振替　00170-5-96822
印刷所　株式会社光陽メディア
製本所　株式会社若林製本工場

©2012　Takashi Saito
Published by IWASAKI Publishing Co.,Ltd.
Printed in Japan
ISBN978-4-265-80206-7 NDC814

岩崎書店ホームページ　https://www.iwasakishoten.co.jp
ご意見をお寄せください info@iwasakishoten.co.jp